LE MEILLEUR
DES PERLES DES ASSURANCES

Jean-Pierre Pernaut

LE MEILLEUR DES PERLES DES ASSURANCES

avec la collaboration d'Éric Devrot

Michel LAFON

Remerciements au Centre de documentation et d'information de l'assurance (CDIA)
pour ses précieuses informations et à Marc Boujnah

7-13, boulevard Paul-Émile Victor
92521 Neuilly-sur-Seine Cedex

Préface

Chers lecteurs,

En présentant chaque jour le journal de 13 heures sur TF1 depuis 1988 et en animant «Combien Ça Coûte», qui a fêté son centième numéro en 1999, j'ai reçu des centaines de lettres qui m'ont incité, avec la collaboration d'Éric Devrot et avec l'aide du Centre de documentation et d'information de l'assurance (CDIA), à recueillir le meilleur des «perles» envoyées aux compagnies d'assurances.

À l'origine de chacune d'entre elles, des événements difficiles, parfois dramatiques, et des victimes peu habituées à raconter par écrit leurs petits et gros problèmes. Jeux de mots involontaires, situations qui deviennent cocasses ou ridicules. Malgré eux, bien des assurés se révèlent humoristes. En regroupant ces perles, nous nous sommes vraiment amusés.

À votre tour de passer un très bon moment.

Bonne lecture.

Jean-Pierre Pernaut

Les Amis
des Bêtes

L'HOMME SINGE

Mon chien lui a mordu la jambe et il a dit qu'il se ferait rembourser sans problème parce qu'il avait le bras long.

Clebs attachant

Quand le chien s'est avancé vers moi en grognant, ses crocs, que j'avais l'intention d'éviter, se sont plantés dans ma cuisse.

Brocante

Au cours de l'incendie de la grange, le tracteur a été endommagé de même que des cageots, une vieille table et une volière à lapins.

Brave bête en règle

J'ai immédiatement fait venir un vétérinaire de Lisieux. Lauréat du concours agricole et acheté pour la reproduction, il a tous ses papiers que je peux vous envoyer.

Cocu

J'ai pourtant corné
à la vue du troupeau de vaches...

De mal en pis

La vache m'a joué
un tour de cochon
en me jetant à terre
au moment
où j'allais la traire.

My Way

Mon chien n'est
pour rien dans
cet incident.
Il a l'habitude
de lever la patte,
tous les jours,
à la même heure,
au pied du même
arbre, et revient seul
à la maison sans
jamais courir
après les vélos.

Rosalie fait ses courses

Je viens par la présente vous déclarer que je viens d'acheter un âne avec lequel je me promène en voiture.

LES CROCS

Je viens d'acheter un chien de garde, faites donc le nécessaire pour l'assurer avant de passer à la maison : je ne tiens pas à en être de ma poche s'il vous sautait dessus.

CERVEAU REPTILIEN

Cet imbécile a marché sur la queue de mon chien. C'est une brave bête, mais vous savez ce que c'est quand on se sent agressé, l'instinct reprend le dessus, on montre les dents, on mord. Nous-mêmes, qu'aurions-nous fait à sa place ?

Pas un mot à la presse

Mme X a été légèrement pincée à la fesse droite par mon chien. Étant donné la localisation des dommages, la victime compte sur vous pour ne pas ébruiter la chose en ville.

Le grand combat des cannibales

Il est exact que mon chien a mordu le petit garçon alors qu'ils jouaient ensemble gentiment, mais je n'étais pas assez près pour voir lequel des deux a commencé à mordre l'autre.

NOM D'UN CHIEN

Circonstances de l'accident : le frein à main de la voiture a été desserré (voiture garée dans une rue en pente). Nom du conducteur : Volpone (c'est mon chien).

Trente millions d'amis

Puisque nous parlons de vaches, j'ai bien peur que mon chien n'ait attrapé le typhus du chat.

Est-ce remboursé par l'assurance bétail ?

Les
Cascadeurs

Flotte en cascade

J'ai des ennuis avec ma voisine du dessous. Elle habite au 2e étage et prétend que l'eau de mon balcon tombe sur le sien, or c'est l'eau des fleurs du balcon du 4e qui glisse le long de la corniche et mouille le balcon du 2e, du reste la locataire du 5e s'en est aperçue et l'a signalé à celle du 4e mais celle-ci ne veut rien entendre et prétend que c'est une fêlure de mon balcon (situé au 3e) qui provoque l'inondation au 2e. Qu'en pensez-vous ?

L'Aventure, c'est l'aventure

Je vous signale que ma femme n'a jamais été la conductrice habituelle de ma voiture. Les rares fois où elle prend le volant, ce n'est pas une habitude, c'est une aventure.

Prenez la porte !

Je courais dans le couloir quand la porte vitrée est venue à ma rencontre et nous nous heurtâmes.

MARATHON MAN

C'était un jour de verglas. Je circulais très lentement dans ma voiture, quand le piéton m'a doublé à toute vitesse, par la droite et sur les fesses.

Sortez couverts

J'ai installé une toile sur la façade de mon magasin pour préserver le soleil des vitrines.

Eau plate

Elle aurait pu se noyer en tombant dans le bassin. Heureusement, il n'y avait pas d'eau.

Jeux de vélos, jeux de vilains

Mon vélo refusant obstinément de marcher, j'ai dû le pousser jusqu'à ce que la voiture me renverse.

Courant d'air

Circonstances du sinistre : est passé à travers une porte vitrée lors de l'opération «Portes ouvertes» de l'entreprise.

Unijambiste

Quand j'ai voulu appuyer sur la pédale du frein, je me suis aperçu que c'était l'accélérateur.

Décryptage indispensable

Ou vous m'avez mal compris ou je me suis mal expliqué. Si je vous ai communiqué le numéro de mon contrat moto, c'est qu'il s'agit bien d'un accident de la circulation, même si je me suis blessé dans un champ de luzerne. S'il faut vous préciser la chose, je vous dirai que j'ai été catapulté hors de ma moto pour atterrir dans un champ, et c'est là que je me suis fracturé la jambe. Est-ce clair ?

Conclusion

Auparavant je roulais à bécane. Maintenant, je marche avec des béquilles.

Contorsionniste

L'accidenté vient de se faire connaître sous forme d'une lettre recommandée.

ACCIDENT CORPOREL

En reculant, j'ai malheureusement touché un piéton avec mon pare-chocs qui a été touché à la jambe gauche.

Péché capital

Je souffre d'une luxure de l'épaule.

Attention, maître méchant

En repoussant un chien tenu en laisse par son maître, je me suis fait mordre par ce dernier.

Bizarrement construit

J'ai heurté brutalement l'arrière de la voiture qui me précédait. Mais grâce à mon casque, ma blessure au poignet est sans gravité.

Joueur de mikado

En coupant des bûches, un éclat de bois que j'avais l'intention d'éviter m'est rentré dans l'œil.

Tu me fais tourner la tête...

Je circulais sur l'autoroute en direction de Lille quand, soudain, j'ai perdu le nord à la suite d'un tête-à-queue.

Bûcheron

Ayant trop bu,
je suis entré dans un
arbre au volant de
ma voiture et quand
j'en suis sorti l'arbre
était abîmé et ma
voiture aussi.

Sortie de secours

Ayant glissé dans l'escalier, je suis arrivé en bas plus vite que prévu, ce qui explique ma chute sur le porte-parapluies et le bris de mes lunettes qui en résulta.

Ça balance pas mal

L'assuré, depuis son accident, reste atteint de troubles d'équilibre lorsqu'il est couché.

Mayday, mayday...

Le couple s'envoya en l'air dans le fossé après avoir été éjecté de la voiture qui avait perdu son contrôle.

Mini-piéton

Je n'ai guère eu le temps de voir le piéton, car il a immédiatement disparu sous ma voiture.

Labyrinth man

Vous me demandez s'il s'agit d'un accident de trajet. En fait, j'ai tout simplement dérapé dans le vestibule, à cause de l'encaustique, sur le trajet cuisine-salle à manger.

Bienvenue au cirque
J'ai fait un vol plané et je me suis retrouvé à cheval sur la vache.

Homme invisible

Circulant en voiture, j'ai heurté un vélo qui a sauté en l'air puis est retombé violemment sur mon capot, mais rassurez-vous, il n'y avait personne dessus.

Drôle d'endroit pour une rencontre

Elle sortait par la porte d'entrée alors que je rentrais par la porte de sortie... Bref, nous nous sommes cognés.

TOUR DE FORCE

Malgré ma fracture du poignet, j'ai pris mon courage à deux mains...

Les
Fayots

Mad Max 12

L'automobiliste qui a renversé M. X roulait comme un fou. Il avait du reste grillé un feu vert.

LE SALAIRE DE LA PEUR

Mon chien a mordu une voisine qui entrait à la maison sans frapper.
Elle a aussitôt manifesté le désir d'être rétribuée pour les dommages subis.

Monstre

Le chauffeur du camion s'est arrêté. Il est immatriculé dans les Pyrénées-Orientales, chargé de pierres, son empâtement est de 1,40 m...

La maison assassinée

On murmure, dans le quartier, que ce sont les occupants de la maison qui auraient mis eux-mêmes le feu à cette bâtisse. Et comme dit le proverbe : «Il n'y a pas de feu sans fumée.»

Double ration

Je vous adresse ci-joint l'assurance de ma voiture avec l'assurance de ma considération distinguée.

Histoire de selle

J'ai été le témoin d'une collision entre deux bicyclettes de sexes différents.

Bien visé

Je vous accuse réception de l'inspecteur que vous m'avez adressé pour constater les dommages.

Ordonnance par-dessus la jambe

Depuis que le médecin a conseillé à mon mari de prendre de la courtisane il va beaucoup mieux.

Flics comptables

La gendarmerie est venue additionner les témoins.

SIÈGE ÉJECTABLE

Vous me demandez l'adresse de mon assureur et je peux vous dire que l'agent se trouve ici et le siège à Paris.

DÉLIT DE FUITE

Le camion s'est sauvé précipitamment sans montrer ses papiers.

Casting

Le témoin a été entendu oralement par les gendarmes.

Appelez-moi Bob

Monsieur le président-directeur général du Siège du Groupe des Sociétés d'Assurance et de Capitalisation Incendie - Accidents - Risques divers, j'ai l'honneur de porter à votre connaissance...

Le monde est petit

Je n'ai pas relevé l'identité du témoin, mais je peux vous dire qu'il a une 304 bleue et qu'il habite Marseille.

Sumo

Si j'ai reconnu ma responsabilité sur-le-champ, c'est que ce monsieur doit mesurer dans les deux mètres et peser cent kilos. Je n'avais donc aucune chance de lui faire entendre raison malgré mon évidente supériorité intellectuelle.

Avenant

Je suis passé à votre cabinet en votre absence et votre secrétaire m'a dit d'un ton très avenant que mon avenant n'était pas prêt.

Généreux

Je profite de l'occasion pour vous adresser mes meilleurs vœux et vous souhaiter que moi et tous vos assurés passions une heureuse année 19.. sans accident d'aucune sorte ni maladie.

Une affaire qui marche

J'espère que vous n'aurez aucune difficulté pour exercer un recours et récupérer ce qui m'est dû. En effet, bien qu'il ne soit pas assuré, ce monsieur a les moyens : on dit qu'il est propriétaire d'une fabrique de chaussures qui marche bien.

La perfection au masculin

Je ne comprends pas pourquoi cette affaire n'est toujours pas réglée. Je considère pourtant mon assureur comme un mec plus ultra.

DANGER PUBLIC

Comme convenu, j'ai l'honneur de vous adresser mon témoignage sur l'accident auquel j'ai assisté. Une personne, en ouvrant une porte derrière laquelle s'en trouvait une autre, heurta et blessa cette dernière au front en lui cassant ses lunettes.

Les Ferrailleurs

Grosse fatigue

Suite au carambolage du mois dernier, ma voiture est hors d'état de conduire et moi aussi.

Loto-mobile

Vous m'avez dit un jour que les automobilistes qui atteignent le malus maximum battent le record de la mauvaise conduite. Eh bien après l'accident que j'ai eu ce matin, vous pouvez vous vanter d'avoir parmi vos clients un homme qui vient de battre un record.

C'TE BONNE BLAGUE

Circonstances de l'accident : l'automobiliste a glissé sur une peau de banane alors qu'il s'apprêtait à appuyer sur le frein.

Compas dans l'œil

Je circulais de nuit au volant de ma voiture lorsque j'ai heurté une caisse placée au milieu de la chaussée. Cette caisse mesurait à peu près cinquante centimètres de long sur un mètre de large.

Attention ! Chaussée glissante

Le cycliste zigzaguait sur la route, tantôt à gauche, tantôt à droite, avant que je puisse le télescoper.

Pas loin de la casse

Ma voiture est gravement handicapée, et de plus, elle n'est plus cotée à l'Argus.

David contre Goliath

Le vélo tomba alors sous le camion qui fut littéralement écrasé.

Digestion difficile

Je suis rentré en collation avec une voiture.

Handicapé moteur

J'ai été témoin d'une collision entre deux cyclos dont un a dû être embarqué d'urgence à l'hôpital.

CANONIQUE WONDER WOMAN

J'arrivais doucement, le pied sur le frein, quand la vieille dame a brusquement traversé devant ma voiture en courant à vitesse excessive.

Sur le plan, vous êtes ici...

Ne connaissant pas le nom du lieu de l'accident, je peux seulement vous dire que celui-ci s'est déroulé sur la nationale 7, entre Paris et Lyon, là où il y a un virage avec une ferme sur la gauche.

Tous des voleurs

L'automobiliste, peu après m'avoir renversé et pris la fuite, a été arrêté dans sa voiture volée par les gendarmes.

Brève rencontre

Ce matin-là, il y avait du brouillard entre Lille et Dunkerque, et comme il y en avait aussi entre Dunkerque et Lille, nous ne nous sommes pas vus ni l'un ni l'autre et nos deux voitures se sont tamponnées.

Par-devant, par-derrière

Mon arrière a été embouti par l'avant de la Peugeot avant que je heurte l'arrière de la Renault et après que l'arrière de la Peugeot soit choqué par l'avant du camion.

Lot de consolation

Comme vous pouvez le constater, ceci est mon troisième accident, mais vous n'y perdrez rien puisque vous avez ainsi le prétexte d'augmenter une fois de plus mon malus.

Les
Fétichistes

Pompes funèbres

Le chien de ma sœur a grignoté l'une de mes chaussures et son assureur m'a dédommagé, mais il a refusé de me rendre mes chaussures. Où vont-elles donc aller ?

Vaste portefeuille

J'ai le regret de vous faire savoir qu'on m'a volé, dans ma voiture, un portefeuille comprenant notamment 500 francs en billets, mes papiers d'identité, un blouson et un sac de voyage.

Bon pied bonne mine

Deux mois après cette fâcheuse fracture, j'ai le plaisir de vous annoncer que mon pied a enfin repris figure humaine.

Les
Frappés

Macadam cobaye

Vous refusez de me rembourser mes frais de médecin et de pharmacien sous prétexte que la participation à des rixes est exclue de la garantie individuelle accidents. Mais il faut vous dire que je ne participais pas du tout à une rixe. Simplement il se trouve que les deux malabars se battaient à l'entrée du café d'où je sortais et que je leur ai pour ainsi dire servi de punching-ball.

Momentanément hors service

Renversé l'année dernière par une voiture, je bénéficie actuellement d'une incapacité de 10 %.

CHANSON MEXICAINE

En se relevant, le cycliste n'a formulé aucune déclaration intéressante au sujet de la collision. Il se contentait de répéter «aïe, aïe, aïe», sur tous les tons.

Avec accusé de réception

D'une ruade, ma jument a envoyé Mme X à l'hôpital...

Dent pour dent... canine

Je m'excuse d'être aussi cru, mais croyez bien que si je lui ai cassé une dent, il n'a pas cessé de me casser les pieds.

Archi-débordé

Avant d'aborder le carrefour, j'avais pris soin de regarder à ma droite (rien) et à ma gauche (toujours rien). C'est alors que j'ai quelque peu bousculé le piéton qui traversait devant moi. On ne peut quand même pas regarder partout à la fois !

Femme en porcelaine

En faisant mes courses dans la grande surface, j'ai heurté la pile d'assiettes qu'une autre cliente tenait à bout de bras.
Celle-ci a été réduite en miettes.

Yoga

Dommages corporels : luxation de l'œil gauche.

CHAUFFARD

Je tiens à vous déclarer l'incident que j'ai provoqué aux Galeries : j'ai glissé malencontreuse-ment sur une ménagère et je l'ai endommagée.

Boire comme des trous

Je vous rappelle que cet accident a eu lieu le jour de la Toussaint. Nous avions déjeuné en famille comme tous les ans et peut-être un peu trop bu. Il faut bien se remettre d'une visite aucimetière.

Drag-queen

Vous demandez quelle est la profession de mon mari. Je vous rappelle que depuis quelques mois il est femme au foyer.

Un coup de fil

C'est un coup de téléphone qui est à l'origine de l'accident. L'appareil se trouvait en effet sur une étagère, et je l'ai reçu sur la tête...

Incapacité permanente

Ne pouvant plus travailler à la suite de mon accident, j'ai dû vendre mon commerce et devenir fonctionnaire.

Erreur de couleur

Je refuse toute responsabilité dans cette affaire : puisque je n'ai pas vu le feu rouge, j'estime en effet n'avoir commis aucune faute.

Avalanche

Je vous ai dit que j'avais eu un accident de ski, mais pas sur une piste, à la gare, quand un voyageur m'a fait tomber le sien sur la tête.

Super-héros

Il est vrai que j'avais beaucoup bu juste avant l'accident, mais vous devriez être content d'avoir vendu une assurance vie à un costaud comme moi : même les gendarmes ont reconnu qu'avec l'alcool que j'avais dans le sang, j'aurais dû être mort.

Ring Parade

Vous refusez de régler mon adversaire sous prétexte que les rixes sont exclues des contrats d'assurance, mais je vous donne ma parole que, dans cette triste histoire, mon poing est allé au-delà de ma pensée.

Bricoleur

Vous savez que je ne suis pas un homme à histoires. Je n'ai pas protesté quand le chien d'à côté a sauté à la tête de mon fils et lui a fait tomber ses lunettes. Je les ai réparées tant bien que mal avec de la Super Glue, mais j'en ai trop mis, ça a coulé sur les verres, et depuis mon fils n'arrête pas de loucher. Pensez-vous que je puisse me faire payer des lunettes neuves par le propriétaire du chien ?

Tu t'es vu quand tu crises ?

Suite au vol de notre voiture, je vous adresse ci-joint une déclaration d'assurance maladie. Il faut dire qu'à la suite de la disparition de ce véhicule, ma femme et moi avons été emmenés à l'hôpital : sous le coup de l'émotion, elle a eu une crise de nerfs et moi une crise d'éthylisme à force d'avoir trop bu.

Bouge de là

Je marchais tranquillement sur le trottoir lorsque je fus brutalement accosté par une voiture qui se garait en me cognant le genou.

Vendredi 13

J'ai donné involontairement un coup de coude à ma belle-mère. Ses lunettes ont alors déboîté de ses oreilles et ces dernières sont tombées sur le carrelage de la cuisine.

Quel chameau !

Alors ce petit voyou, après avoir traversé la rue sans regarder, est venu donner un grand coup de tête dans ma carrosserie. L'un et l'autre ont des bosses.

Surprise sur prise

J'ai dit à la police que je n'étais pas blessée, mais en me recoiffant je me suis aperçue que j'avais une fracture du crâne.

Seconde lune de miel

La foudre est tombée sur le hangar et a endommagé la toiture. Depuis notre mariage, c'est le deuxième coup de foudre que nous subissons.

Victime canine

Il y a comme un léger malentendu entre nous depuis que je vous ai déclaré que mon fils avait eu un accident avec un chien : ce n'est pas le chien qui a mordu mon fils, c'est mon fils qui a renversé le chien en faisant du vélo.

Funambule

À la suite de sa mauvaise chute, mon mari doit garder la chambre, à cheval sur deux mois.

Le choc des maux

Vous me demandez où est le point de choc sur ma voiture. Ma voiture n'a rien. Le point de choc, c'était le piéton.

Les
Fric-Addicts

Fermeture annuelle

Mon mari étant décédé pour le moment, vous pouvez m'adresser un chèque à mon nom.

Maintenant, tout est clair

J'ai demandé des explications à la banque qui m'a donné l'assurance suite à mon emprunt. On m'a dit que si je ne pouvais pas le rembourser, l'assureur le rembourserait à ma place, mais qu'il faudrait que je le rembourse quand je pourrai rembourser ce qu'il aura remboursé.

Famille nombreuse

J'ai bien reçu votre chèque et n'en suis pas content. Vous semblez oublier que j'ai cinq enfants à manger tous les jours en plus de ma femme et de ma belle-mère.

Maximum d'intérêt

Très intéressé par les intérêts intéressants proposés par votre société d'assurance en matière de placements, j'aimerais recevoir votre documentation.

Plan Orsec

À la suite de l'important dégât des eaux survenu l'autre semaine, j'ai subi une perte sèche de plus de 50 000 francs.

TOUS GAGNANTS

Vous avez bien de la chance : je viens de gagner au Loto, ce qui va me permettre de vous régler mon assurance auto.

Étrennes

J'ai reçu l'avis d'échéance de mon assurance auto et vous adresse le chèque correspondant en espérant que vous en ferez bon usage.

Les Grands
Z'auteurs

Pool !

Tata Camping

Vous me direz si vous pouvez assurer toute ma petite famille par le même contrat individuel accidents. Dans la tante de vous lire…

Complexe d'Œdipe

Pourriez-vous m'indiquer s'il existe des assurances spéciales pour les Français qui séjournent à l'étranger ? En effet, j'ai l'intention de faire cet été un séjour linguistique en Angleterre en tant que fils au père.

Je prends la plume pour me plaindre de l'expert qui a l'air de me prendre pour un pigeon.

Incendiaire

Que voulez-vous que j'y fasse ?
Il m'a brûlé la politesse en brûlant le feu rouge. Il n'y avait pourtant pas le feu, que diable !

Mots de ventre

Je vous jure sur l'honneur que j'ai rempli de bonne foie le questionnaire que vous m'aviez remis avant de souscrire mon assurance maladie.

Je t'écris pour savoir où t'écrire...

C'est la troisième lettre que je vous envoie et qui me revient avec la mention *N'habite pas à l'adresse indiquée.* Je suppose que vous avez changé votre agence de place. Dans ce cas, veuillez me le faire savoir en répondant à cette quatrième lettre.

Vingt ans déjà...

Ce genre d'accident n'est pas exceptionnel ; je peux même vous donner l'exemple d'une pauvre femme qui en est morte. Je sais de quoi je parle puisque je la connais depuis plus de vingt ans.

Noble addition

J'ai fait le calcul des frais que j'ai déboursés à la suite de cet accident, pour que vous me prépariez un chèque. Le comte est à votre disposition, avec les factures.

En arrière, toute

Ma voiture a été heurtée, alors qu'elle était en stationnement, par un automobiliste qui effectuait une marche arrière. En rédigeant le constat amiable, j'ai commis une erreur : j'ai signalé que j'étais à l'arrêt et non en stationnement. Puis-je faire marche arrière ?

Les pompiers sont grillés

Le feu a pris chez les voisins et les pompiers se sont fait incendier en arrivant, sous prétexte qu'ils avaient mis trop de temps à venir.

SERVICE DES URGENCES

Il est évident que si chacun est d'un avis contraire sur les circonstances du sinistre, l'affaire ne se présente pas sous les meilleures hospices.

Septième art

L'expert s'est décommandé.
Il a remis sa visite ciné die.

Langue des signes

Comme le témoin était sourd et ne causait pas français, les gendarmes ont dû l'emmener au café pour lui faire entendre raison.

Judaïques flammes

L'incendie a pris dans la cuisine, mais, lorsque les pompiers sont arrivés, le feu était déjà circoncis.

Transformiste saisonnier

Mon fils aîné a décidé de travailler comme jeune fille au pair pendant les prochaines vacances d'été.

Les risques de l'échangisme

J'ai l'intention de rechercher, grâce aux petites annonces, une famille désireuse d'échanger sa résidence pour la durée des vacances.

Pouvez-vous m'indiquer si les adeptes de l'échangisme doivent se soumettre à des formalités en matière d'assurance ?

Précision
Au moment de l'accident chacun des conducteurs conduisait.

Santé fragile

Mon enfant a pris froid.
Il était pourtant bien couvert par l'assurance.

Faux contact

J'ai contracté mon assureur pour lui déclarer le vol de ma voiture.

Mauvais payeur honnête

Je reconnais vous devoir 1 800 francs pour mon assurance auto, mais je vous demande de patienter encore un peu, ayant des ennuis financiers. Surtout n'allez pas croire que je veux vous prendre en traite.

Le fils cathodique

Je viens vous déclarer que le tube catholique de mon téléviseur a éclaté.

COURRIER-PHARE

La foudre a tout fait sauter et nous n'avions ni lampe ni bougie pour nous éclairer. Nous n'avons donc pas vu les dégâts tout de suite. J'espère que maintenant vous y voyez plus clair dans cette affaire.

Lapsus révélateur

Mon mari ne peut actuellement se déplacer pour verser la prime : il souffre d'une hernie fiscale.

C'est mon p'tit doigt qui me l'a dit...

Dans cet accident, je suis totalement irresponsable, tous les témoins auriculaires vous le diront.

Overdose

Je reconnais avoir tardé à régler ma quittance, mais vous avez sans doute noté que j'avais réagi à la première injection de l'huissier.

Ça glisse au pays des merveilles

La route était pleine de verglas. On avait de la peine à s'y tenir à pied. En prenant le tournant, le routier n'a pas pu redresser son derrière, vu qu'il était vide, et il m'a entré en plein dedans.

Plus blanc que blanc

Je n'ai aucun tort dans cet accident puisque mon assureur m'a lavé de toute responsabilité grâce au bonux.

LA GRANDE FAMILLE

En portant une botte de paille à l'étable, un brin m'est entré sous l'oncle et c'est mon frère qui m'a conduite à la pharmacie.

Recto-verso

Ci-joint certificat de guérison de ce blessé au dos duquel le médecin a noté ses honoraires.

Coquelicot

J'ai été littéralement ébloui par les fards de cette automobiliste.

Normands
Ils répondirent «non» affirmativement.

Poésie

Le camion continua sa marche lugubre pour aller se jeter dans un petit ravin.

Topinambour

Vous me direz si pour l'assurance grêle je dois vous déclarer mon champ de topine en bourre.

Homme de lettres

Je vous écris pour vous écrire que j'ai écrit à mon garagiste...

Flic intime

Le gendarme m'intimida d'éteindre mes phares.

Bonne route !

J'ai voulu prendre la fuite pour éviter l'accident, mais ma pauvre Dauphine va vers 15 ans.

Encore un charlot...

À la suite de mon accident, j'ai reçu un avis à comparaître devant Monsieur le Bricoleur de la République.

La croisière s'amuse

L'inondation s'est produite bêtement : tout le monde était débordé ce matin-là, à la maison, même la baignoire.

Fais comme l'oiseau

En volant ma voiture le voleur a cassé mon aile.

AMATEUR DE BÉDÉ

Nature des blessures : talon d'Achille déchiré.

GUILLAUME TELL AU REPOS

Je me suis coupé la pomme de la main en découpant du saucisson.

Toubib de Robocop

Après l'accident, j'ai fait appel au médecin qui m'a fait cinq points de soudure.

Clebs de Robocop

J'ai écrasé un chien et vous enverrai le devis de réparation dès que possible...

RARETÉ ORDINAIRE

Je viens par la présente vous déclarer un accident qui pour être banal n'en est pas moins inhabituel.

Maillot jaune

Le piéton circulait à vélo avec une bicyclette.

Échange douloureux

Depuis le choc, je souffre d'une transaction lombaire fort douloureuse.

Frotti-frotta

Je venais juste de descendre de ma voiture après avoir embouti celle de mon adversaire, que celui-ci en une friction de seconde se précipita sur moi pour m'agresser.

Il aurait pu s'étendre

J'ai appelé les pompiers en constatant que le feu menaçait de s'éteindre chez mon voisin.

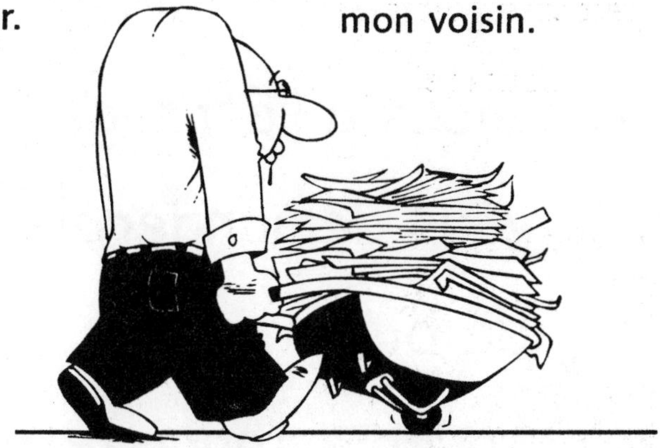

C'est clair ?

Je suivais la voiture qui me précédait et précédais celle qui me suivait quand celle qui me suivait m'a dépassé pour poursuivre celle que je suivais.

Très très vite

Je ne peux pas vous donner de détails car l'accident s'est déroulé très vite, mais je crois que le piéton est brièvement blessé.

Le voyageur tout risque

Partant bientôt passer une semaine de vacances à l'étranger, je vous demanderais de bien vouloir m'assurer « touriste ».

Effraction verbale

J'ai tout de suite constaté les fractions de la porte d'entrée.

Sans effraction

Ayant été victime d'un vol avec infraction...

JURISTE ATTACHANT

J'ai dû faire appel à un avocat attaché au Barreau de la Cour.

Pieds normaux

C'est alors que j'ai été grièvement blessé à un orteil du pied.

Imputation

Je suis vraiment mécontent de constater que malgré ma bonne foi vous m'avez amputé de la responsabilité entière de cet accident.

Piqué de doute

Le médecin, sans trop y croire, m'a fait une piqûre sceptique.

Le compte est bon

J'ai légèrement heurté un tricycle à trois roues.

Arc-en-ciel

J'avais juste bu un petit blanc quand j'ai franchi une ligne jaune puis grillé un feu rouge.
Les gendarmes ont piqué une colère noire et ma femme était verte de peur.

C'est limpide

Je n'ai pas pu démarrer au vert à cause de l'encombrement du carrefour. Je n'ai pas osé passer lorsque le vert est devenu rouge, mais lorsque le rouge est passé au vert et que je me suis avancé, la Renault s'est avancée aussi, bien que son feu soit au rouge et que le mien soit au vert.

Tout ce qui précède vous explique qui porte la responsabilité de l'accident.

Sacrée découverte

J'ai découvert le poteau rose quelques jours après l'incendie...

OPHTALMO GRATUIT ?

Le médecin m'a fait des soins à l'œil, aussi je vous envoie sa note pour remboursement.

Viva italique !

Je vous félicite pour le nouveau contrat que vous m'avez envoyé.

Il est très clair et bien lisible : j'ai même réussi à déchiffrer ce qui est écrit en Italie.

LE WEEK-END DE DÉBUT DE SEMAINE

À ce carrefour il se produit toujours beaucoup d'accidents le soir au cours des embouteillages dominicaux, surtout le lundi.

Témoin intègre

Je crois que vous auriez une autre opinion des responsabilités si vous aviez lu l'intégrité du témoignage de M. X.

Pète les plombs

Je ne sais pas si vous êtes au courant mais moi je ne le suis pas car je n'ai plus d'électricité depuis l'incendie qui a dévasté une partie de mon appartement.

C'est le Paradis

Je tiens à vous dire que le personnel de vos services comptes en cieux est très aimable et compétent.

Il me rend chèvre

Mon gamin a encore cassé un carreau chez la voisine avec son ballon.
La note suivra.
Croyez bien qu'il n'est pas mauvais garçon, mais c'est un vrai bouc-en-train.

T'as vu monter Carlo ?

Vous voudrez bien me donner les marches à suivre pour me faire rembourser mes frais suite à la chute de mon cadet dans l'escalier.

LETTRÉ

Le chauffeur du camion perdit son contrôle et vint emboutir brusquement le mur de ma maison.
Le devis est très important vu qu'il s'agit d'un mur de pierres Molière.

Le grand froissement

Ayant prononcé quelques invectives à l'encontre de cette conductrice du dimanche, celle-ci m'a semblé froissée, mais moins pourtant que la tôle de ma voiture.

Horloge parlante

L'accident s'est produit approximativement le jeudi 9 février 1989 à 16 h 17.

Le cercle du poète retrouvé

Et tout d'un coup, sous mes yeux émerveillés, s'étale une dentelle de paillettes étincelantes pareilles à des diamants ruisselant sous le soleil couchant : une pierre avait brisé mon pare-brise.

ENCORE PLUS SCEPTIQUE

Ma fosse sceptique a débordé, occasionnant des dégâts. Je m'interroge sur la compétence du maçon qui a réalisé les travaux...

Dis-moi ouïe

Les frais de soins pour l'otite de mon fils ne m'ont toujours pas été remboursés : la mutuelle fait la sourde oreille.

Plainte pour plinthes

Cette maison a été construite en dépit du bon sens : les fondations se fissurent, un mur menace de s'effondrer, le plancher se gondole... J'ai pensé que je pouvais être remboursé avec mon assurance dommages-ouvrage, mais je me demande si je ne devrais pas porter plinthe contre le constructeur...

Jeu de maux

Depuis l'accident, j'ai des mots de tête.

Qu'est-ce tu dis, Doudou, dis donc ?

Tout d'abord, je vous dis bonjour, ensuite je vous dis que je vous écris pour vous dire qu'une dame m'a dit que j'avais éraflé sa voiture avec mon vélo.

Gendarme ralentisseur

J'ai abîmé mon pot d'échappement en passant sur un gendarme. Allez-vous me rembourser les réparations ? (Je vous précise qu'il s'agissait d'un gendarme couché.)

C'EST POSSIBLE !

Vous voulez connaître les circonstances de l'accident que j'ai eu dans le train quand les valises me sont tombées sur la tête.
Eh bien il faut vous dire que ces valises ont perdu l'équilibre parce que le train a brusquement démarré sans crier gare.

Amazone

J'avoue que mon fils est responsable de cet accident, mais il faut aussi noter que cette personne s'est conduite de façon fort cavalière : elle est même montée sur ses grands chevaux pour me faire la morale.

Les Incompris

Tout ce foin pour rien

J'ai dû mal m'expliquer en rédigeant la déclaration d'accident que je vous ai adressée la semaine dernière. Contrairement à ce que vous semblez croire, je ne circulais pas à cheval en centre ville. J'étais tout simplement en train de garer ma voiture, à cheval sur l'accotement et la chaussée.

CAUSE TOUJOURS

Ayant eu un accident de la route à l'étranger, je suis sûr de me faire rouler car je n'ai pas dû me faire comprendre. C'est pas facile de s'expliquer quand on ne parle pas la même langue. J'ai bien fait des tas de gestes dans tous les sens, mais allez donc savoir comment ils ont pris ça !

Vous me faites marcher...

Vous m'indiquez la marche à suivre, mais je vous rappelle que depuis mon accident je suis incapable de marcher.

Choisis ton camp

Ce que je n'arrive pas à comprendre, c'est l'acharnement que vous mettez pour vous procurer un témoignage qui ne m'est pas favorable. Suis-je votre assuré, oui ou non ?

C'est pour une interview

Je dois vous dire que les gendarmes m'ont posé des questions indiscrètes, du genre : D'où veniez-vous ? Où alliez-vous ? Aviez-vous bu quelques verres ? Avez-vous regardé à droite et à gauche avant de franchir le carrefour ? Votre passagère est-elle un membre de votre famille ? etc. Vous avouerez que c'est beaucoup de curiosité pour de la tôle froisséeet que je n'ai pas à soulever le voile de ma vie intime sous prétexte que j'ai bousillé un pare-chocs.

Strip-tease

Si je comprends bien, vous indemnisez mon adversaire avec l'argent de ma prime. C'est trop facile d'habiller Paul quand on déshabille Pierre.

POLICE D'ASSURANCE

Je m'excuse d'avoir été grossier avec votre employée, mais elle était montée sur ses grands chevaux en me disant qu'elle allait chercher la police : j'ignorais qu'il s'agissait de mon contrat...

Mal entouré

J'ai été résilié par mon assureur auto sous prétexte que j'avais de trop nombreuses fréquentations de sinistre.

Vice mystérieux

Selon le garagiste, mon accident serait dû à des vis cachées, mais il ne m'a pas dit où.

Pas soigneux

Vous me demandez un certificat sur l'honneur, mais je l'ai perdu depuis longtemps.

Mauvais plan

Nous avons bien souffert des inondations malgré la mise en place du plan hors sec.

Over-busy

Étant sur le point d'accoucher, j'avais d'autres soucis que le remboursement de ma capote.

CHARADE

Je me suis présenté trois fois à votre agence : la première vous étiez absent, le seconde vous étiez là, la troisième vous étiez chez un client.

Grand disparu

Vous me demandez le nom et l'adresse du blessé, mais je dois vous dire que depuis le jour de l'accident, il n'a plus donné signe de vie.

La guerre des polices

La police n'a pas levé le petit doigt pour empêcher ces trois carambolages et maintenant vous m'annoncez que ma police d'assurance ne peut pas intervenir non plus...

Part entière

Ma grand-mère, qui a gardé toute sa tête malgré son âge avancé, ne comprend pas que vous la comptiez pour un tiers.

Veuve inconsolable

Je vous retourne signés, tous les papiers que vous m'avez adressés pour le règlement de l'assurance vie. Avec tous ces tracas, toutes ces démarches, toutes ces paperasses à remplir, j'en arrive à regretter la mort de mon pauvre Charles.

Bon sens

Je savais bien que la rue était en sens unique, mais je ne savais pas dans quel sens, ce qui fait que je n'ai pas pris le bon sens.

On plafonne

Si je comprends bien, le plafond de garantie de mon assurance dégâts des eaux m'interdit d'être remboursé pour le plafond de ma cuisine.

FRUITS ET PRIMEURS

Contrairement aux déclarations du témoin,je n'ai pas franchi le carrefour au rouge,mais à l'orange bien mûre.

Le mauvais scénario

Il faisait nuit. Le boulevard était désert. J'étais seule dans ma petite voiture. Il a brûlé le feu au volant de son énorme camion. Après m'avoir emboutie il a prétendu que j'étais en tort et m'a tendu un constat amiable. Que faire ? J'ai paniqué. J'ai signé.

Perdu de vue

Mon assureur m'a dit qu'il avait suspendu mon assurance, mais il ne m'a pas dit où.

Patient

Il y a environ 21 jours exactement que j'ai eu un dégât d'eau et je ne vois toujours pas venir l'expert.

Le témoin inconnu

J'ai écrit au témoin pour lui demander son adresse, mais je n'ai toujours pas de réponse.

Moteur non-éthylique

Mon voisin étant en panne de voiture, je lui ai prêté la mienne, mais il a eu un accident et les gendarmes m'ont dit qu'il conduisait sans permis et en état d'ivresse. Pourtant, quand je lui ai donné mon véhicule, celui-ci était parfaitement sobre.

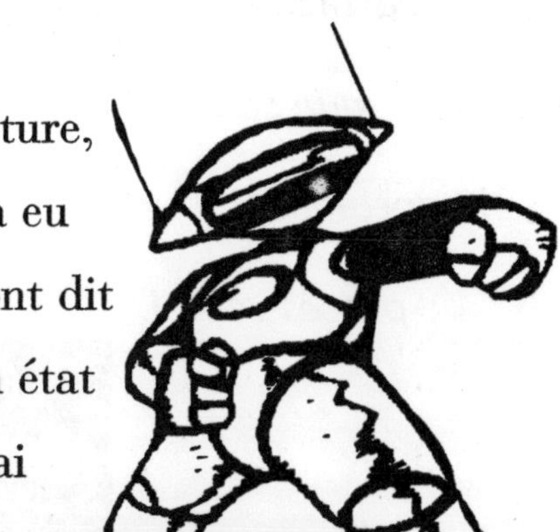

Témoin n°1

Il est vrai que j'étais présent sur les lieux de l'accident, mais je n'ai rien vu : je tournais le dos.

Retardataires

Les gendarmes n'étant arrivés qu'après l'accident, je ne comprends pas pourquoi vous attachez une quelconque importance à leur procès-verbal.

Hiéroglyphes

N'ayant pu comprendre les termes de votre proposition, je me suis fait traduire celle-ci par ma fille, qui est interprète professionnelle.

Dégâts collatéraux

Depuis son accident, ma femme est encore pire qu'avant. J'espère que vous en tiendrez compte.

Moi pas comprendre

À propos de mon accident, vous me dites que la Cour a rendu son arrêt, mais vous ne précisez pas qui elle veut arrêter.

Pessimiste
Étant donné que je n'ai subi aucun dommage, ils vont encore en profiter pour ne rien me payer.

Vous ne comprenez rien

Je vous rappelle les circonstances de mon accident : j'étais grimpé en haut d'une échelle appuyée au mur de la grange, dans la cour de la ferme. Le voisin a reculé avec son tracteur et je me suis retrouvé par terre. Vu les circonstances, je m'étonne que vous considériez ça comme un accident de la circulation.

Les Justiciers

GRUYÈRE

En allant à la Sécurité sociale pour déclarer l'accident de mon bras, je me suis cassé le pied à cause d'une dénivellation consécutive aux travaux effectués dans leur cour intérieure. Ne pensez-vous pas que la Sécurité sociale devrait surveiller ses trous ?

Un partout, balle au centre

Je confirme que c'est bien l'un des chasseurs qui a tué mon chien d'un coup de fusil. J'ai déposé plainte à la gendarmerie, je vous ai adressé ma déclaration, j'ai envoyé une lettre de réclamation au responsable. La balle est maintenant dans le camp de ce tireur fou.

Exploit sans gloire

Je vous prie de bien vouloir intercéder en ma faveur au titre de mon assurance de protection juridique. En effet, mon propriétaire m'a menacé d'expulsion et m'a annoncé une assignation par exploit d'huissier. Je ne pense pourtant pas que le fait de mettre les gens à la porte puisse être considéré comme un exploit.

Logique pas pratique

Je ne vois vraiment pas pourquoi vous me reprochez de ne pas porter mon casque en faisant de la moto, puisque c'est mon pied qui est écrasé et pas ma tête.

Prétentieux

Je tiens à vous préciser que ma femme n'a jamais conduit cette voiture. J'ai déjà un assez gros malus en la conduisant tout seul.

Sans limites

Mon assurance incendie couvre mon mobilier pour une somme illimitée, mais je m'aperçois que la cotisation est également sans limite.

Vérité plus vraie

Je n'ai aucune raison de revenir sur mon témoignage, la déclaration de cette dame étant plus fausse que la mienne.

Bel esprit

Je souhaiterais voir désormais s'instaurer dans nos rapports autant de franchise qu'en comportent mes contrats.

C'est qui le client ?

Je m'élève énergiquement contre vos allégations, et en outre, je ne paie pas toutes ces primes pour m'entendre dire que j'ai tort.

Alerte à Malibu

Vous me dites que, d'après le Code civil, je suis responsable des bêtises de mes enfants. Si c'est vrai, les personnes qui ont écrit ça ne doivent pas avoir, comme moi, neuf enfants à surveiller.

Momie

Vous vous retranchez derrière cet article 1384 et vous n'en bougez plus.

Proportions avantageuses

Ils m'ont trouve 2,10 grammes d'alcool dans le sang et ils vont me condamner. Sur 6 a 8 litres de sang qu'on a dans le corps vous avouerez que c'est pas tellement (personnellement j'aurais cru que j'en aurais eu plus).

Moi d'abord

Je vous écris comme suite à votre lettre où vous dites que je suis responsable pour la priorité, mais je connais la loi. Quand il y a un croisement entre deux routes dont l'une ne traverse pas l'autre, celle qui est la plus petite doit s'arrêter la première. Donc il n'y a pas de priorité qui tienne. C'est la loi qui est la plus forte. Vous seriez bien aimable de réviser vos conclusions pour me remettre dans mon bon droit, dont du reste je ne suis pas sorti.

ÉLÉPHANT LA JUNGLE URBAINE

Je déclare sur l'honneur que le conducteur de la camionnette a bien agité sa trompe avant de s'engager dans le carrefour.

That is the question

Si on suivait tous vos conseils, on n'aurait jamais d'accident. Et si on était sûr de n'avoir jamais d'accident, pourquoi prendrait-on des assurances ? Vous êtes-vous jamais posé la question ?

Pondeur speedé

Je vous ai déclaré ce sinistre il y a dix mois. Depuis, j'ai eu le temps de faire un enfant alors que vous n'avez pas eu le temps de faire un chèque.

Ça se discute

Il est inutile de continuer à m'envoyer des papiers de toutes les couleurs auxquels je ne comprends rien. Ayez plutôt le courage de venir me dire en face ce que vous avez à me dire.

JE PAIE PAS

Je suis au regret de vous informer que si vous maintenez l'augmentation de ma prime, je me verrai contraint de mettre fin à nos rapports jusqu'alors empreints de la plus grande cordialité.

Le bon choix

En toute franchise, valait-il mieux heurter l'ambulance qui transportait un blessé ou le corbillard qui transportait un mort ?

SOYEZ COOL

Jusqu'à présent nous étions faits pour nous entendre : je vous payais mes primes, vous me remboursiez mes accidents. Mais si, maintenant, vous me cherchez noise pour une quittance réglée avec retard, où allons-nous ?

L'homme qui valait trois milliards

Vous constaterez, sur le certificat médical joint, que j'ai une incapacité suite à mon accident au bras gauche. Rappelez-vous bien que je suis gaucher et que mon bras gauche vaut donc aussi cher que le bras droit d'un droitier, et tenez-en compte au moment de faire votre chèque.

Juge de touche

Je suis en mesure de vous produire des témoignages prouvant que le piéton a traversé la chaussée à vitesse excessive...

Faites ce que je vous dis

J'étais pris dans le carambolage ; impossible d'en sortir. C'est toujours pareil : sur les autoroutes à deux voies, les gens se rangent à droite ; quand il y en a trois, c'est la pagaille. Il faut rétrécir les autoroutes.

Les Magouilleurs

ENVIE D'ÊTRE SEUL

Je pense résilier ladite assurance puisque j'envoie ma femme dans le Midi et mon fils sous les drapeaux.

PAPARAZZI

Je viens d'apprendre incidemment que Mme Y, à qui je viens d'acheter une maison en viager, a souscrit chez vous une assurance maladie-accidents.

À l'occasion, et sans violer le secret professionnel, vous pourriez peut-être me dire un mot sur son état de santé...

Faux voir

Il est exact que la Joconde a été détruite au cours du début d'incendie que je vous ai déclaré, mais il est également exact qu'il s'agissait d'une reproduction.

Prévoyante

J'ai bien envie de souscrire cette assurance vie, mais je voudrais être sûre de ne pas avoir de mauvaises surprises au décès de mon mari.

Coquet

Mon permis de conduire mentionne que je dois mettre des lunettes. Je n'en porte jamais. Mais j'en ai sur la photo de mon permis. Est-ce suffisant ?

En cas de vie...

**J'ai entendu parler d'une assurance en cas de décès et j'aimerais connaître votre avis.
Ce que je voudrais, c'est une assurance pour ma femme et mes enfants, mais dont je pourrais profiter un peu avant mon décès, y a pas de raison. Si ça existe, vous pourriez me trouver une assurance de ce genre-là, mais en cas de vie.
Vous me direz par la même occasion s'il faut payer plus cher en cas de vie qu'en cas de décès.**

MÉMOIRE SÉLECTIVE

J'ai peut-être fait une fausse déclaration en ne vous disant rien de mes anciens accidents, mais il ne s'agit pas d'un mensonge. J'ai seulement décidé une fois pour toutes de ne me rappeler que de mes bons souvenirs.

Entre escrocs

J'ai heurté une voiture en stationnement et me suis bien gardé de me faire connaître auprès de l'automobiliste. J'espère que vous serez content et que vous pourrez faire un petit geste en m'accordant un bonus supplémentaire.

COMME D'HABITUDE

Je suis étonné que l'on me cherche tant d'histoires sous prétexte que mon taux d'alcoolémie était positif, alors qu'au moment de l'accident, je n'avais pas bu davantage que les autres jours.

C'est beau, l'amour...

Ma femme a l'intention de vous demander une assurance vol pour une paire de boucles d'oreilles que je lui ai offerte à l'occasion de son anniversaire.
Elle y tient d'autant plus qu'elle croit que ce sont de vrais diamants.
Je compte sur votre tact pour la détromper avec un maximum d'égards...

Prompt rétablissement

La malade va beaucoup mieux. Quand je suis allé la voir, elle était couchée en compagnie de notre inspecteur vie en vue d'une assurance que je me propose de lui faire.

C'est pas ma faute

C'est une région tout en virages avec le précipice à droite, alors comme vous l'imaginez je roulais bien sûr à gauche quand j'ai heurté l'adversaire qui venait en sens inverse.
Voyez donc si vous pouvez faire déclarer les Ponts et Chaussées responsables.

L'homme de l'Atlandide

J'ai l'honneur de vous faire savoir que je ne déclare pas le dégât d'eau survenu hier à mon domicile, les dommages paraissant insignifiants chez moi.

Mea culpa

J'ai appris que vous alliez céder votre cabinet d'assurances. Je compte sur votre discrétion pour ne pas parler à votre successeur des deux accidents que j'ai provoqués en état d'ivresse.

Chaud devant !

Un accident est arrivé hier dans la cuisine du restaurant : le cuisinier est tombé sur la cuisinière. La cuisinière n'a rien mais le cuisinier souffre de graves brûlures. Je vous envoie la note.

On est quitte

Je vous ai payé ma prime d'assurance incendie le mois dernier, ce mois-ci vous allez devoir payer les dégâts.

La nuit du héros

Je dois vous déclarer une inondation survenue chez moi dans la nuit du 10 au 15 novembre.

Pourquoi pas le 30 février ?

Ayant des ennuis d'argent, je vous demande de m'accorder un délai pour me permettre de ne vous payer ma prime que le 31 avril.

Mortelle randonnée

Vous assurez ma voiture pour les déplacements privés. Est-ce que vous me donnez votre accord pour que je descende mon patron à Marseille ?

SAINT-VALENTIN

Selon le docteur, ma femme restera atteinte d'une incapacité de 20 %. Vous me direz combien ça peut me rapporter.

Bigame

J'ai l'intention de désigner un autre bénéficiaire pour mon assurance vie. Mais si vous passez à la maison, il est préférable de ne pas aborder cette question devant ma femme.

Vicieux

Je reconnais que j'ai pris cette rue en contresens, mais je ne vois pas pourquoi l'autre conducteur en fait tout un drame : si on avait retourné le panneau de sens interdit, c'est lui qui aurait été dans son tort.

Congés payés

Étant étudiant, j'ai l'honneur de solliciter, pour le mois de juillet prochain, un poste de vacancier dans votre compagnie d'assurances.

L'UN OU L'AUTRE

Ils m'ont appelé au tribunal sous prétexte que je n'avais pas assuré ma voiture. Je reconnais les faits, mais, à votre avis, vaut-il mieux rouler sans assurance mais sans accident, ou rouler comme un fou avec beaucoup d'assurance ?

Assurance d'essai

Je suis d'accord pour souscrire l'assurance vie dont vous m'avez parlé. Mais pour commencer vous me donnerez la formule « capital d'essai ».

Dealer

Vous me devez de l'argent suite à mon incendie et je vous en dois pour mon assurance auto. Comme vous me devez plus que je ne vous dois, envoyez-moi la différence, ça me permettra de vous payer l'assurance du cyclo.

Témoin trop honnête

Comme suite à votre demande je vous indique ci-dessous l'identité du témoin, mais son témoignage ne nous sera d'aucun intérêt, puisqu'il a bien vu que c'est moi qui ai grillé le feu rouge et qu'il n'en démordra pas.

Parapluie géant

Je suis bien heureux de savoir que mon assurance me garantit contre la tempête, mais j'aimerais savoir si elle me couvre aussi contre la pluie.

Différent mais pareil

Vous me proposez de régler des cotisations semestrielles, mais je n'aime pas trop les complications : je préfère vous payer tous les six mois.

CASSE-TÊTE

J'avais souscrit une assurance vie sur deux têtes avec ma femme, mais je vous demanderai de m'indiquer la marche à suivre pour changer l'une des deux têtes.

Ravalement de façade

Je suis esthéticienne et désire savoir s'il existe des assurances pour ma profession, comme il existe la décennale pour le bâtiment.

Les Maudits

Objet perdu

Je me suis fracturé la jambe en glissant sur une asperge pourrie, au rayon de la poissonnerie. Vous n'allez pas me dire que ce magasin est bien tenu !

Tu t'es vu quand t'as vu ?

Je ne connais pas du tout les parents du petit garçon que mon fils a renversé avec son vélo. Je sais simplement que son père est aveugle et que sa mère est voyante.

EFFET BŒUF !

On m'a volé tous mes effets et je viens de m'apercevoir que mon assurance était également sans effet.

Météo trop imprévisible

J'ai mon toit qui fuit quand il pleut. J'ai fait venir à plusieurs reprises l'expert de l'assurance pour constater les dégâts. Mais quand l'expert est là, il ne pleut pas et le toit ne fuit pas, et quand il pleut, le toit fuit et l'expert n'est pas là. Que faire ?

Prise de tête

M. X m'a blessé au pied en me donnant un coup de main pour scier du bois.

FAITES VOTRE MARCHÉ

Dimanche dernier, alors que nous déjeunions en famille, le lustre est tombé sur la table, ce qui a renversé la soupière dont le contenu s'est déversé sur la robe de ma belle-sœur qui s'est levée d'un bond en heurtant la chaise de sa sœur qui s'est agrippée à la nappe, ce qui a provoqué la chute d'un verre sur les genoux de son mari qui s'est coupé en le rattrapant. Vous voudrez bien me dire si parmi ces divers incidents, mon assurance rembourse quelque chose.

Trop plein

Ayant été déclaré catastrophe naturelle, je pense que vous ne tarderez pas à me dédommager pour les débordements de toutes sortes dont j'ai été victime au début de l'année.

Sourds et bruyants

J'ai bien envie de profiter de mon contrat de protection juridique pour intenter une action contre mes voisins du dessus. C'est tous les jours un tintamarre à vous casser les oreilles, entre le chien qui aboie, les gosses qui crient et la machine à laver qui a des ratés. J'ai essayé de leur faire entendre raison, mais ils ne veulent rien entendre.

Archi-grillé

Je vous rappelle que feu mon mari s'est éteint le jour de la Saint-Jean.

MAUVAIS NAGEUR

Je suis tombé deux fois dans la piscine. Résultat : une double fracture du bassin. Ce qui ne semble pas illogique...

À table !

Je ne suis pas sûr de gagner mon procès car on m'a donné comme avocat un commis d'office.

AU PIED DU MUR

Je vous écris de la prison. Ayant été arrêté, je vous demande d'arrêter également mon assurance auto.

Séparation de corps

Je ne peux vous donner aucun renseignement sur les témoins. Après l'accident, ma femme est allée au pharmacien et moi dans le coma.

Mauvais timing

Les circonstances de l'accident sont extrêmement claires : mon fils a plongé dans la mer au moment où celle-ci se retirait.

JEU DE PAUME

Contrairement à ce que vous semblez croire, le joueur de notre équipe de foot n'a pas été blessé par le ballon. Il a tout simplement été mordu à la main par un supporter de l'équipe adverse.

Au secours, tout va bien

J'ai fait le 18 dès que j'ai aperçu les premières flammes et un pompier m'a répondu d'une voix éteinte qu'il ne fallait pas m'affoler.

After hours

Je n'arrive pas à me faire rembourser les dégâts de ma voiture. L'expert qui devait constater les dommages n'est pas venu au premier rendez-vous.
La seconde fois, c'est moi qui n'ai pu me déplacer.
La troisième fois, le garage était fermé. L'affaire dure depuis si longtemps que l'expert est sur le point de prendre sa retraite et rien n'est encore réglé.

Le monde est petit

Vous n'aviez pas l'air content quand je vous ai indiqué l'autre jour au téléphone que les voyous de la cité avaient encore cassé les vitres de ma voiture. Mais entre nous, vous n'êtes pas le plus mal loti : figurez-vous qu'au cours de la même semaine, j'ai été cambriolé. Or je vous rappelle que c'est un collègue à vous qui assure mon appartement.

Les titres du jour

En avançant, j'ai cassé le feu arrière de la voiture qui me précédait. J'ai donc reculé, mais en reculant j'ai cabossé le pare-chocs de la voiture qui me suivait. C'est alors que je suis sorti pour remplir les constats, mais en sortant j'ai renversé un cycliste avec ma portière. C'est tout ce que j'ai à vous déclarer pour aujourd'hui.

Perte des eaux

L'eau a traversé le plafond de cette dame qui attendait un enfant d'un moment à l'autre, ce qui n'a pas arrangé les choses.

L'AMOUR EN DANGER

Quant à ma situation matrimoniale, elle est bien mal en point vu que ma femme vient de me quitter.

Coup très vache

Mon voisin a reçu un coup de pied alors qu'il me donnait un coup de main pour traire mes vaches.

Bougez avec La Poste !

Un simple coup d'accélérateur, et en moins de temps qu'il n'en faut pour le dire, je me suis retrouvé dans la fourgonnette des PTT.

Patate-party

La friteuse s'étant renversée, le feu s'est communiqué à toute la cuisine, rendant les meubles inutilisables et les frites immangeables.

Une famille en or

Vous voudrez bien me préciser si cette assurance couvre bien toutes les bêtises que pourraient faire mes enfants, telles que : incendie, inondation, bris de glaces, jet de pierres, etc.

Les choses ne sont jamais à leur place

Je me suis assoupli au volant de ma voiture, et à partir de là, je n'ai aucun souvenir, sinon que j'ai dû me laisser aller doucement et involontairement dans un poteau mal stationné.

Une famille en or (2)

J'ai bien reçu votre chèque suite à l'inondation déclarée.
J'en profite pour vous signaler que mon fils a encore fait des siennes.
Je vous enverrai prochainement la facture des voisins.

Les dents de la terre

L'accident s'est passé en deux temps : morsure d'un chien qui avait pénétré dans mon jardin, puis d'un râteau dont les dents dépassaient de terre.

HISTOIRE FUMEUSE

J'ai été victime d'un carambolage alors que l'autoroute avait été fermée dans un sens à cause du brouillard mais pas encore fermée dans l'autre sens.

Compression

Ce jeudi 19 à 19 h 32, face au 15 de la rue de la République, un gros camion bleu a écrasé mon petit vélo orange. Par bonheur, je n'étais pas dessus.

JE MARCHE SEUL

Votre médecin expert m'a examinée et m'a demandée si j'avais des antécédents. Malheureusement, mon père est mort il y a dix ans et j'ai perdu ma mère l'année dernière.

Vache mal rangée

J'étais seul dans ma voiture lorsque j'ai heurté une vache égarée. Il y a deux blessés et des dommages au véhicule.

Piscine très mouillée

À la suite des dernières crues, ma piscine a été endommagée par une inondation.

Les fumiers !

Pour la troisième fois consécutive, j'ai été victime d'un feu de cheminée. Je vais finir par croire que ces ramoneurs sont des fumistes.

Matérialiste

Le jour de l'accident, je n'avais pas de constat amiable. J'avais oublié mes lunettes et je n'avais pas pris de crayon. J'aurais mieux fait de ne pas prendre ma voiture non plus.

Que me reste- t-il ?

La tondeuse à gazon m'a coupé le gros orteil. Voyant cela, j'ai perdu la tête.

Ultra H.S.

L'immobilisation du véhicule n'a pas été prescrite, celui-ci étant hors d'usage et son conducteur à l'hôpital.

Bon courage

Suite à mon accident, vous trouverez sous ce pli certificat du docteur dont vous voudrez bien tenir compte bien qu'il soit parfaitement illisible.

Mon assureur est un ange

Ne soyez pas étonné si vous recevez une réclamation pour une aile d'ange. Le jour de la Toussaint, au cimetière, j'ai buté dans un pot de chrysanthèmes et renversé un ange en plâtre qui a perdu son aile. J'ai laissé sur la tombe un mot portant votre nom et votre adresse.

RAS-LE-BOL

Pour la sixième fois en un an ma femme est en arrêt maladie et je vous adresse les justificatifs pour remboursement. En espérant que vous comprendrez que j'ai épousé cette femme pour le malheur et pour le pire...

LES GRANDES EAUX

Jusqu'ici je n'ai pas eu le temps de prendre la plume pour vous déclarer mon dégât d'eau car depuis qu'il s'est produit, j'éponge, j'éponge, j'éponge...

Série noire

Je viens d'avoir encore une tuile ! Il n'y a que mon toit qui a perdu les siennes dans la dernière tempête...

La petite Venise

Tempête, inondation ou catastrophe naturelle, je n'ai toujours pas compris la différence ; tout ce que je peux vous dire, c'est que j'ai les pieds dans l'eau depuis trois jours.

Braderie speedée

L'accident a eu lieu à cause des embouteillages de la quinzaine commerciale qui cette année n'a heureusement duré que quatre jours.

Un cheval et 36 chandelles

Votre cheval ayant causé une collision avec une moto (j'étais dessus) en grillant un feu rouge, j'en avise immédiatement mon assureur pour suite à donner.

Week-end payé

J'ai immédiatement porté plainte pour le vol de ma voiture au commissariat de Nice où j'ai passé le week-end.

Cordon-bleu

Mon épouse ne cuisine pas plus mal qu'une autre, mais je serais plus tranquille si vous ajoutiez au contrat d'assurance de la maison une garantie contre les intoxications alimentaires.

Statistiquement inexistant

On ne parle que des accidents de la route, mais moi j'ai été renversé par une voiture alors que je marchais sur le trottoir. J'imagine donc que les statistiques ne tiendront pas compte de mon cas.

Poisson grillé

Tout a brûlé dans la cuisine. Le saumon frais est même devenu fumé.

NAUFRAGE

J'ai appris que votre agence avait été endommagée par les dernières inondations. N'ayant pas reçu votre chèque de règlement pour mon sinistre, je suppose que vos chéquiers ont disparu dans les eaux...

Témoin inutilisable

J'ai un témoin pour moi. Il a tout vu et sait bien que je ne suis pas en tort. Malheureusement ce pauvre homme est trop bavard. Et comme il bégaie, les gendarmes n'ont pas eu la patience d'écouter ses explications jusqu'au bout.

But !

Suite au dégât des eaux provoqué par le débordement de la machine à laver, ma mère a glissé sur le carrelage et s'en est allée casser la vitre de la porte de la cuisine avec sa tête...

Coup double

Je suis allé à l'hôpital pour me faire soigner le bras et c'est en sortant de la salle des urgences que je me suis fracturé la jambe sur le sol savonneux.

PEU BAVARD

J'ai bien un témoin, mais il ne cause que l'étranger, vu qu'il n'est pas français.

Bûcheron minutieux

Je me suis donné un coup de serpe en coupant du bois dans le pouce gauche.

Les Naïfs

Alibi sous les drapeaux

Mon fils ne peut être civilement responsable de cet accident puisqu'il est militaire.

Speed

Contrairement aux allégations du témoin, je n'ai pas pris la fuite, je suis simplement reparti rapidement parce que j'étais déjà en retard à mon rendez-vous et que je n'avais pas de temps à perdre pour remplir un constat.

GRAVURE DE MODE

Il s'agit d'un témoin fort respectable et tout à fait digne de bonne foi. Je vous signale du reste qu'il était fort bien mis, portant cravate et costume croisé.

Complètement noir

Comment ce monsieur peut-il prétendre que je conduisais en état d'ébriété alors que tout s'est passé dans le noir ?

Perroquet

J'ai bien reçu successivement votre lettre sur papier blanc, votre recommandé jaune, votre billet vert, mais maintenant j'aimerais bien savoir où nous en sommes exactement.

Optimiste

Si vous ne recevez pas cette lettre en raison des grèves, veuillez me le faire savoir par retour du courrier.

Respectons les délais

J'ai bien compris que je devais vous déclarer le sinistre dans les cinq jours, mais était-ce cinq jours avant ou cinq jours après ?

Cas de conscience

J'ai entendu dire que les consommateurs allaient être mieux protégés contre les objets dangereux. Mon fils et ses camarades ayant pour la énième fois cassé les vitres du salon en jouant au foot, pensez-vous que je puisse poursuivre le vendeur de ballons ?

Ticket toc

Ma mutuelle m'a dit que je devais garder le ticket modérateur, mais je n'ai jamais reçu le moindre ticket.

Échangiste

Vous me proposez une assurance pour couvrir ma famille transportée dans mon véhicule. Mais nous vivons seuls, ma femme et moi. Donc je vous demanderai simplement de vouloir bien couvrir ma femme.

En direct live

Vous me demandez un croquis, mais je ne sais pas dessiner et comme je ne sais pas trop écrire non plus, j'irai vous voir pour vous causer de vive voix.

CŒUR CROISÉ

Il ne s'agit pas d'un accident de priorité puisque les voies de circulation se croisent sans se couper.

J'ai les crocs

Je n'ai pas vu le chien mordre cette dame pour la bonne raison que, moi, j'avais été mangé.

Pas d'erreur...

Quand je vous ai déclaré que ma cuisinière était endommagée, il s'agissait de celle à gaz. L'autre est en vacances.

OÙ SONT LES TAPETTES ?

Ma fille, petit rat à l'Opéra, s'est fait griffer par un chat.

Amours orageuses

Je vous informe que j'ai eu un coup de foudre sur le toit de ma maison : la cheminée est fendue.

Mauvaise literie

Ma voiture a été heurtée alors que je m'étais assoupi au volant. Je n'en fus que plus surpris à mon réveil.

Hosto-mobile

Ma voiture ayant subi des dégâts matériels et corporels, j'aimerais pouvoir être renseigné sur mes droits.

Pas assez nu

J'ai aperçu le cyclomotoriste tombé à terre, mais comme il était habillé je ne peux vous dire s'il s'agit d'un homme ou d'une femme.

Simulation

Je n'ai rien vu de l'accident, tout absorbé que j'étais à conduire ma voiture qui ne voulait pas démarrer.

La Belle au Bois roulant

Je conduisais depuis quarante ans lorsque je me suis endormie au volant.

Marie-couche-toi-là

Enceinte de six mois à la suite d'un incompréhensible concours de circonstances sur lequel je ne m'étendrai pas, vous voudrez bien me faire connaître s'il s'agit d'une maladie ou d'un accident.

Réflexe mou

Par suite d'inattention, mes freins n'ont pas répondu tout de suite.

Monte-en-l'air

J'aurai bientôt l'occasion de prendre mon baptême de l'air dans un petit aéroclub local. Vous me préciserez à l'occasion si je suis bien assuré contre le vol.

Plus fort que toi !

Maintenant, grâce à cet imbécile, mon bonus est réduit à zéro. Je me suis retenu pour ne pas lui dévoiler le fond de ma pensée, mais j'ai de la dignité. On n'injurie pas un homme à terre.

Stoppé net

Le cycliste, la roue broyée, fut dans l'incapacité de poursuivre sa route.

Vieille fille

Ma femme s'entête à vouloir conduire à nouveau la voiture quand elle sera à la retraite. Je lui ai dit que vous nous feriez payer plus cher parce qu'elle n'a pas conduit depuis dix ans et que vous aviez dit qu'elle était novice, mais ça lui a fait plaisir. Pas de payer plus cher, mais d'être encore novice à son âge.

Réduction famille nombreuse

Je vous rappelle que je possède chez vous une multirisque-habitation pour moi, mon chien, mon vélo, mon fils et ma femme.

Pratique

Je n'ai pas le téléphone chez moi mais si vous voulez me joindre aux heures de travail vous pouvez appeler à l'hôpital où je suis de garde entre 20 h 30 et 6 h 15.

IMPRÉCIS

Vous me dites que je suis garanti à partir de zéro heure mais vous ne précisez pas s'il s'agit du matin ou du soir.

On gèle

Maintenant que mon assurance ne me couvre plus me voilà dans de beaux draps.

Idées noires

Suite à votre proposition pour une assurance décès, je n'arrive pas à me décider. Il faut vous dire que je n'ai jamais pu m'habituer à mourir un jour et que ça m'est encore plus difficile de penser que ma femme pourrait devenir veuve.

Formule d'assureur

Pour l'instant, je n'ai aucune assurance chez vous, sinon celle de votre considération distinguée.

NON-STOP

J'ai eu un accrochage avec ma voiture, et le gendarme m'a dit que j'étais responsable parce que je venais d'un stop. Vous conviendrez avec moi qu'on ne peut pas rester indéfiniment à un stop. Il faut bien finir par en sortir un jour ou l'autre.

PARTIE CORPORELLE

Ma femme a bien été blessée, mais sachez que je ne réclame rien pour sa partie corporelle : la Sécurité sociale s'en est chargée.

Trahison

Mon assureur prétend que je suis dans mon tort. J'avoue que, venant de lui, cette affirmation m'a quelque peu déçu.

Qui dit mieux ?

Ma femme n'utilise plus sa voiture. Elle sera mise en vente dès qu'un acheteur se présentera.

Mauvaise rencontre

J'ai malheureusement rencontré un trottoir avec ma voiture neuve.

Les Névrosés

Bienvenue nulle part

Si vous passez chez moi un soir, ne vous trompez pas. Vous entrez d'abord dans l'impasse : ce n'est pas la première maison, ce n'est pas la seconde maison, ce n'est pas le petit immeuble en briques, ce n'est pas le CES, ce n'est pas la troisième maison, c'est juste avant qu'il n'y ait plus rien.

En orbite

À quoi bon tourner autour du pot, un carrefour giratoire, c'est fait pour tourner en rond, je ne sortirai pas de là.

Collision parano

J'ai bien assisté à la coalition entre les deux voitures..

Mots fléchés

Je vous adresse comme convenu le constat amiable. Pour être sûr de ne rien oublier, j'ai fait des croix dans toutes les cases.

Ça se Pacse comme ça

Je vous demande de bien vouloir apporter une petite modification aux conditions particulières de mon assurance habitation. En effet, je suis bien le père des enfants de la dame qui vit avec moi, mais je ne suis pas encore son mari.

Chacun cherche sa croix

L'ennui, avec ces constats amiables, c'est qu'on ne sait jamais où mettre les croix.

Aveugle des oreilles

Si la voiture n'avait pas klaxonné, je ne l'aurais pas vue.

Impatient

Je suis passé à votre agence pour déclarer mon accident, mais quand j'ai vu la fille d'attente, j'ai préféré faire demi-tour.

Ordinateur

Lorsque je me gare dans un parking public, j'ai l'habitude de relever les numéros de tous les véhicules qui y sont stationnés de sorte que si je retrouve ma voiture endommagée, je sais à qui m'adresser.

Même une petite carte postale...

Je ne sais pas si vous allez oui ou non m'envoyer un chèque ou s'il vous manque encore une pièce à votre dossier, mais je me permets d'insister : écrivez-moi, à la maison, même si vous n'avez rien à me dire.

À l'affût

Depuis que j'ai été cambriolé je ne dors plus que d'un œil pour pouvoir guetter le moindre bruit dans la cage d'escalier.

Shakespearien

J'ai été verbalisé sous prétexte que le certificat d'assurance apposé sur mon pare-brise était périmé. La maréchaussée m'agresse, les portes de votre agence sont closes le lundi matin ; quant à moi, je suis saisi d'un doute : être ou ne pas être assuré ?

United colors

Lorsque le feu a pris dans ma cuisine, mon mari n'avait pas terminé ses travaux de peinture : il y avait deux murs blanc sale, un vert propre et le dernier moitié blanc sale moitié vert propre. La fumée a noirci le vert propre et l'eau des pompiers à fait des traces jaunes sur le blanc sale et le plafond (de couleur indéterminée). C'est maintenant toute une histoire pour choisir une couleur qui ne jurera pas trop avec le reste. Pouvez-vous en toucher un mot à l'expert ?

TOUT DOUCEMENT

Je n'ai pas été blessé gravement puisque j'étais en rodage.

ON A TOUT COMPRIS

La roue avant gauche de la 2 CV de votre client a été endommagée par la suite de la rupture du cadre d'une grille avaloir qui a cédé à l'occasion du passage de ce véhicule. Le cadre de cette grille était du type " série lourde " et prévu pour supporter le passage des poids lourds. En outre, la route sur laquelle cette grille est placée faisant l'objet d'une surveillance particulière, j'estime que la responsabilité de l'Administration n'est pas en cause.

Les Pilotes
décès

Veuve joyeuse

Je voulais divorcer, mais mon mari est mort. Voilà donc un problème résolu. Il ne me reste qu'à faire le nécessaire au sujet de mes assurances. Pourriez-vous passer me voir à ce sujet ?

La mort du cygne

Ayant perdu le contrôle de mon véhicule en raison du verglas, celui-ci alla mourir très doucement dans le mur du cimetière.

Trop tard

Lorsque mon mari est mort, je l'ai retiré de sa Caisse, j'ai prévenu son employeur, mais j'ai oublié de faire la déclaration pour l'assurance vie.

Bon de commande

Je vous informe que mon mari est décédé comme convenu le 12 mai.

VEUVE INTÉRESSÉE

Croyez bien que ce n'est pas de gaieté de cœur que je viens vous réclamer l'assurance vie de mon défunt mari, l'argent n'ayant jamais étanché les larmes d'une veuve. Pour en finir au plus vite avec ces tristes formalités, je vous demanderai donc de bien vouloir m'adresser le chèque par retour de courrier.

Mort et décédé

On l'a trouvé mort dans un état grave.

Regrets (éternels)

J'ai le regret de constater que notre assurance sur la vie arrive à échéance et que mon mari est toujours en vie...

Question de sagesse

Vous savez que mon taxi est transformé en corbillard et que je n'y transporte que des morts. Mes clients ne risquant plus rien, est-il bien nécessaire que vous me fassiez payer une prime pour le cas où ils seraient victimes d'un accident ?

Les Sadiques

Jaloux

Après l'accident, l'autre automobiliste n'arrêtait pas de répéter : « Je suis prioritaire, je suis prioritaire... » Entre nous, il n'y a pas de quoi en tirer vanité. Pour être prioritaire, il suffit de venir par la droite. C'est à la portée du premier imbécile venu.

Mère au foyer

J'ai brûlé la jupe de ma fille en la repassant. Celle-ci est maintenant totalement inutilisable.

La vengeance

Vous m'envoyez des formulaires avec des lignes trop courtes pour écrire ce que je veux. Que diriez-vous si je payais ma cotisation d'assurance sur des chèques trop petits pour écrire la somme entière?

Femme invisible

Vous me dites que Mlle X réclame des dommages et intérêts suite à l'accident dont je suis légèrement responsable. Sans être mauvaise langue, il faut bien avouer que, même avant, cette demoiselle n'a jamais attiré le moindre regard de la part de ses concitoyens.

Monsieur Bricolage

La roue de ma voiture a effectivement écrasé la roue de la bicyclette, qui a tordu la jante, dont il faut changer la roue ou remettre la jante et plusieurs rayons.

Bonne nouvelle

Vous avez sûrement vu dans le journal le hangar qui a brûlé. J'ai le triste devoir de vous informer que ce hangar m'appartenait et que c'est vous qui l'assurez.

Je te tiens, tu me tiens, par la barbichette

Je vis l'homme tirer la main de la dame qui était descendue de la voiture et la dame tirer la veste de l'homme qui était déchirée.

Piéton inutile

Le piéton ne savait pas du tout où il voulait aller, c'est pourquoi je l'ai écrasé.

CQFD

Vous me demandez de vous donner mon accord sur les termes de votre lettre ; or, cette lettre je ne l'ai jamais reçue. Comment voulez-vous que je vous donne mon accord sur le contenu d'une lettre que je n'ai jamais reçue ? Je ne suis pas contre, mais je ne suis pas pour, non plus. Comprenez-moi : quand on cause, il faut savoir de quoi on parle.

Flippé

J'ai bien reçu le contrat que vous m'avez adressé pour signature. Je constate cependant que cette assurance est valable pour « la durée actuelle de la société », c'est-à-dire jusqu'au 31 décembre 2068. J'aurai bientôt 75 ans. Est-ce bien raisonnable de m'engager pour si longtemps ?

Timing compliqué

Voici les précisions demandées : je me suis aperçu du vol de ma voiture en sortant de chez des amis dans la nuit du 27 au 28 septembre. Il était 2 heures du matin. Mais vu qu'on avait changé d'heure, il aurait été 3 heures si on me l'avait volée la veille. Comme on me l'a volée le lendemain et que je n'avais pas encore mis ma montre à l'heure d'hiver, ma montre indiquait 3 heures moins le quart parce qu'elle retarde toujours un peu.

SERIAL KILLER

Je me suis blessé avec ma fourche alors que je creusais un trou dans le jardin pour enterrer une taupe vivante.

Douceur paternelle

J'ai déboîté l'épaule de mon gamin en lui assenant une gifle. Voyez ce que vous pouvez me rembourser. Je vous envoie la note du docteur et la facture du pharmacien.

Orange mécanique

J'ai franchi le feu rouge lorsqu'il était au vert.

Jackpot

Vous m'avez dit l'autre jour que 93 % des conducteurs avaient un bonus ; j'ai le triste privilège de vous annoncer qu'à la suite d'un léger incident je vais faire partie des 7 % restants.

Un vrai bonheur

Je pense que vous ne m'en voulez pas parce que mon chien vous a mordu quand vous êtes venu à la maison pour la quittance. Du reste vous n'y perdez rien puisque vous m'avez assuré pour ce genre d'accident.

La vengeance aux deux visages

Ma femme étant partie avec la voiture, vous voudrez bien résilier leurs assurances respectives (assurance auto et assurance vie).

LES MISÉRABLES

Vous m'indiquez avoir modifié mon assurance auto pour qu'elle couvre les membres de ma famille, mais je vous rappelle que je suis célibataire, orphelin, et que je vis seul. Je regrette que vous vous soyez donné tant de mal pour rien.

Délation

Suite à l'accident où M. X s'est fait renverser par ma vache, j'ai entendu dire que le médecin lui avait prescrit trois mois d'incapacité. Vous allez probablement recevoir une réclamation, mais je vous préviens : M. X a toujours été un incapable.

Les
Spécialistes

Psy-mobile

J'ai reçu cette dame sur mon capot, et comme elle n'était pas gravement blessée, nous avons gentiment causé en attendant l'arrivée des gendarmes.

COUPLE POSTMODERNE

Mon divorce ayant été prononcé, vous voudrez bien supprimer l'assurance de mon studio puisque c'est ma femme qui l'occupe avec laquelle je vis maintenant séparé.

Top précis

Je vous ai déjà indiqué le lieu exact de l'accident : entre l'immeuble de ma belle-mère et le grand magasin de meubles qui se trouve à l'entrée du carrefour.

Caractère illisible

Comme j'ai l'intention de payer ma prochaine voiture avec mon tempérament on m'a dit de prendre une assurance pour tous ses dégâts.

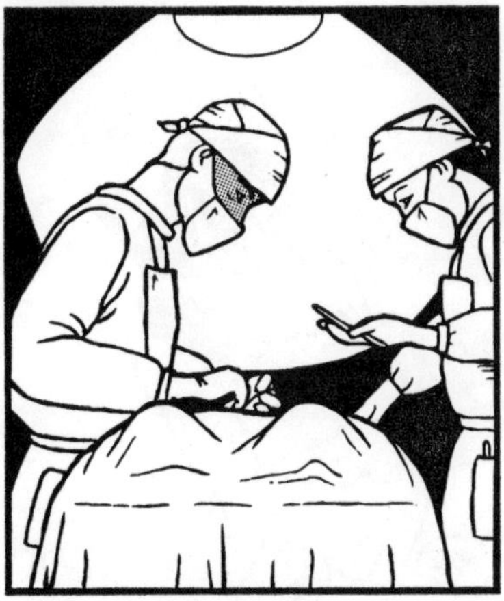

FRILEUX

Mon fils va bientôt terminer son service militaire et revenir habiter chez nous. Ma belle-mère a aussi décidé de s'intaller à la maison pour quelques mois. Aussi, je vous demanderai de bien vérifier toutes nos assurances pour que nous soyons tous bien couverts pour l'hiver prochain.

Fin de période décès

Voici donc venu à expiration mon contrat d'assurance vie temporaire. Avouez que nous avons de la chance tous les deux : vous n'avez rien à me payer, et moi je ne suis pas encore mort.

Haute couture

Le cycliste que j'ai renversé m'ayant montré son pantalon déchiré au genou, j'ai réussi à le convaincre qu'une bonne reprise ferait l'affaire.

E N BREF
Nature du dommage : incendie. Cause du sinistre : feu.

Assurance multibêtises

Comme l'école de mon fils organise une sortie, la maîtresse me demande de lui fournir une attestation prouvant que je l'ai bien assuré pour toutes les bêtises qu'il pourrait faire en cours de route.

Statistiques

Vous constaterez que je ne vous ai déclaré cette année que quatre petits accrochages, ce qui dénote une certaine stabilité du nombre des sinistres par rapport aux années précédentes, malgré une légère augmentation.

Starter

Étant sorti de l'hôpital et sur le point de reprendre mes activités professionnelles, je vais à nouveau utiliser ma voiture. À cette occasion, je vous demande de bien vouloir redémarrer mon assurance.

Bon dimanche, sous vos applaudissements

Vous m'avez conseillé d'assurer ma voiture pour l'usage «promenade», mais j'ai oublié de vous préciser que tous les dimanches j'allais raccompagner ma belle-mère qui vient déjeuner à la maison. Puis-je en toute honnêteté considérer ce déplacement comme une promenade ?

À vos ordres !

Je profite de ce que j'ai mis de l'ordre dans mes papiers d'assurance pour vous adresser un chèque à votre ordre.

Les Surnaturels

Manucure éternelle

Au début, je pensais qu'il s'agissait d'un bobo sans gravité, puis tout mon pied s'est mis à enfler quand l'ongle s'est réincarné.

ANNÉE TRÈS SEXTILE

Ne pensez-vous pas qu'il y a un peu d'abus ? Mon accident n'est toujours pas réglé, alors qu'il est survenu le 30 février dernier...

Vignoble boiteux

Pour ce qui est de l'assurance grêle, je vous rappelle que je ne possède que quelques pieds de vignes que mon fils fait marcher tant bien que mal.

Machine infernale

J'ai pris contact avec votre répondeur et celui-ci m'a aimablement conseillé de vous écrire.

LA MAISON DU DIABLE

J'arrangeais le plafond de la grange sur une échelle. Lorsque je suis tombé, je me suis blessé la cheville sur un râteau qui traînait et qui s'est soudain dressé pour me cogner la tête.

Rencontre avec le Troisième Type

Non seulement je ne connais pas l'identité du témoin, mais j'ignore même s'il s'agit d'un homme ou d'une femme ; j'ai seulement aperçu un être à cheveux longs, vêtu d'un pantalon, qui tournait le dos et s'est enfui à toutes jambes.

Il est mort, il est mort, le vélo

Le vélo a brutalement heurté le mur et s'est tué.

Bavard

Le témoin est venu témoigner comme quoi il n'avait rien vu et rien entendu.

Femme comblée

Je vous remercie de vous inquiéter de mon contrat d'assurance vie, mais je vous signale que mon mari m'a déjà revalorisée cet hiver.

Histoire fumeuse (2)

Il faut dire à ma décharge que le poteau que j'ai buté était caché par l'invisibilité du brouillard.

Que fait David Vincent ?

J'ai le regret de vous informer que le pare-brise de ma voiture a été cassé par une pierre non identifiée.

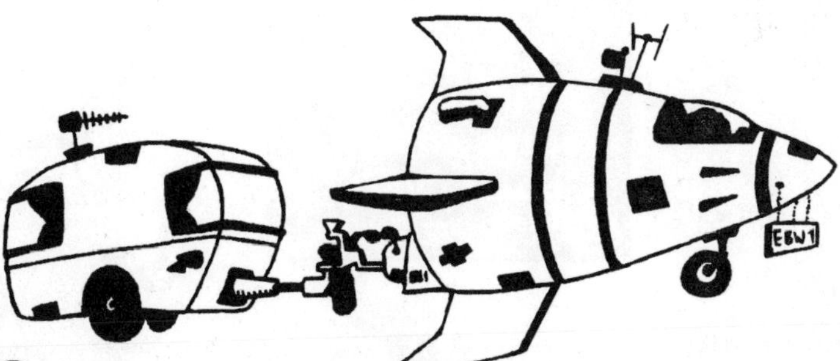

Vélo frimeur

Ma bicyclette était normalement accoudée au mur...

À L'ABORDAGE

Profession de l'assuré : marin.
Circonstances de l'accident : la voiture de l'assuré, garée sur un bateau, a été heurtée par un tiers.

Dix grammes cinq

La moto faisait des « sics-sacs », tantôt à gauche, tantôt à droite, mais toujours dans le droit chemin.

Le sourire aux mille dents

J'ai été blessé par une dent de râteau qui m'est tombée sur le pied. La dent était accompagnée du râteau.

Brillante démonstration

Conséquences de l'incendie : dégât d'eau.

Vendredi 13

Contrairement à ce qui a pu vous être communiqué, je ne suis pas mort. En conséquence, vous pouvez m'adresser un chèque, suite au contrat d'assurance vie que j'ai souscrit chez vous...

ROUGIR DE HONTE

J'avoue avoir traversé le carrefour à une autre couleur que le vert.

FEMME À POIL

Je dois vous signaler que j'ai brûlé avec ma cigarette le manteau de ma femme en fourrure.

Miraculé

Pendant les jours qui ont suivi, je me suis retrouvé à l'hôpital, mortellement blessé.

Sans domicile fixe

Vous voudrez bien me donner votre accord par retour de courrier au sujet de mon nouveau contrat, en m'écrivant à ma nouvelle adresse que je vous communiquerai dès que possible.

Monstre de foire

Depuis ma mauvaise chute, je souffre de douleurs dorsales à la jambe droite.

Affaire de bon sens

J'ai heurté une voiture ayant à bord deux personnes circulant en sens inverse.

Stop ou encore

J'étais à l'arrêt pour laisser passer toutes les voitures qui venaient de ma droite, mais je ne suis pas resté longtemps, car il n'y en avait aucune.

Elle est revenue

On m'a volé une bague de valeur que ma grand-mère m'a donnée en cadeau après sa mort.

L'homme de fer

Le blessé ne peut pas être handicapé moteur puisqu'il était piéton quand la voiture l'a renversé.

PÉDALE DOUCE

Ma voiture, bien qu'arrêtée, est allée brutalement emboutir celle qui la précédait.

Exhib'

Suite à mon accident du mois dernier, ma voiture a été convoquée par l'expert pour lui montrer ses dommages.

Maître spirite

Je viens par la présente vous déclarer un accident. Je vous donnerai tous les détails quand j'aurai retrouvé mes esprits.

Ski passe, dépasse, trépasse

Les circonstances de l'accident sont extrêmement claires : mon fils commençait à dévaler la piste quand il a été doublé par l'un de ses skis qui s'était décroché de sa chaussure.

VOYANT

Je vous adresse sous ce pli la facture que vous m'avez réclamée. Si vous ne la recevez pas, vous voudrez bien me le faire savoir.

Contorsionniste

Bien sûr que le cycliste ne voyait rien de la circulation puisqu'il pédalait la tête entre les genoux !...

La Sainte

Étant converti au Seigneur Jésus, le Seigneur me protège et j'ai une entière confiance dans Sa toute-puissance pour me préserver d'un incendie.
Ainsi, en tant qu'enfant de Dieu, mon opinion religieuse m'interdit de continuer à faire partie d'une compagnie quelconque...
C'est pourquoi j'ai l'honneur de vous demander de bien vouloir effectuer les démarches nécessaires à la radiation pure et simple de mon contrat.
J'espère que vous comprendrez que celui que j'ai passé avec le Seigneur a pour moi une valeur éternelle...

Les Vedettes

À BOUT DE NERFS

En qualité de plus mauvais client de votre agence (neuf accrochages en un an), je vous demande d'avoir le plaisir de résilier mon assurance auto avant la date d'échéance.

En haut de l'affiche

Comme vous avez dû le voir, avant-hier, en lisant notre quotidien régional, j'ai eu droit aux honneurs de la presse. Vous pouvez vérifier au bas de la page 12, dernière colonne, trois lignes intitulées : «Vélomotoriste renversé dans le centre ville.» Le vélomotoriste, c'est moi.

TESTEZ VOS CONNAISSANCES EN MATIÈRE D'ASSURANCES

Êtes-vous un « sur-assuré » ou un « sous-assuré » ?

Avez-vous le bon réflexe en cas de sinistre ? Écrivez-vous plutôt en premier à votre assureur ou bien à une association de consommateurs ?

Êtes-vous du genre à assurer vos jambes (comme Jamie Lee Curtis), vos seins (comme Madonna) ou toute autre partie de votre corps ?

Après avoir lu ces perles, essayez en cinq minutes chrono de cocher les bonnes cases.

On ne sait jamais, ça peut servir !

✣ ✣ ✣ ✣ ✣ ✣ ✣

1. Une tondeuse à gazon autoportée doit être garantie comme une voiture.
Vrai ☐ **Faux** ☐

2. En utilisant votre barbecue, vous brûlez l'un de vos invités. Votre assureur l'indemnisera au titre de votre garantie incendie. **Vrai** ☐ **Faux** ☐

3. Le matériel de bricolage que vous avez loué est automatiquement garanti par le loueur. Vous n'avez donc pas à vous préoccuper de l'assurance.

4. Les sportifs amateurs qui participent à une compétition doivent obligatoirement assurer leur responsabilité civile. **Vrai** ☐ **Faux** ☐

5. Vous empruntez la moto de votre frère, qui vous interdit de la prêter. Malgré cette interdiction, vous la faites essayer à un ami. En cas d'accident, l'assureur n'aura pas à indemniser les victimes. **Vrai** ☐ **Faux** ☐

6. Vous prenez des leçons pour passer le permis. Votre voisin vous propose de vous prêter son engin pour vous entraîner. En cas d'accident, l'assureur indemnisera les victimes. **Vrai** ☐ **Faux** ☐

7. L'un de vos camarades a gonflé le moteur de son cyclo pour pouvoir rouler à 80 km/h. En cas d'accident, l'assurance ne peut pas jouer.

Vrai ☐ **Faux** ☐

8. La loi sur les catastrophes naturelles prévoit qu'en cas de sinistre, une somme de 1500 francs (franchise) reste à la charge de l'assuré.

Vrai ☐ **Faux** ☐

9. Votre assurance multirisque habitation peu intervenir si vous êtes responsable d'un accident de ski. **Vrai** ☐ **Faux** ☐

10. Si vous êtes secouru en montagne alors que vous faites du ski, on peut vous réclamer le remboursement de certains frais de secours.

Vrai ☐ **Faux** ☐

Réponses

1. **Vrai**. Les utilisateurs de tondeuses à gazon à moteur équipées d'un siège (autoportées) sont en effet soumis à la même obligation d'assurance qu'un automobiliste (assurance de responsabilité civile pour conduite de véhicules à moteur). En revanche, les tondeuses à gazon sans siège (autotractées) ne font pas l'objet d'une telle obligation. Dans cc cas, la responsabilité civile de l'utilisateur peut être couverte dans le cadre de l'assurance multirisque habitation.

2. **Faux**. Si vous êtes responsable de brûlures causées à l'un dc vos invités, votre assureur l'indemnisera. Ce n'est toutefois pas la garantie incendie qui interviendra, mais la garantie de responsabilité civile. Vérifiez donc bien qu'elle est incluse dans votre contrat multirisque habitation.

3. **Faux**. Le matériel de bricolage en location n'est pas automatiquement assuré par le loueur. Pour éviter d'avoir à payer les conséquences d'un sinistre (vol, incendie, etc.), vous avez tout intérêt à rechercher auprès de votre assureur une garantie qui couvre les dommages causés aux objets loués.

4. **Vrai**. Les sportifs qui participent à une compétition sont soumis à une obligation d'assurance pour les dommages dont ils seraient responsables. Ils

adhèrent le plus souvent à un club et bénéficient alors automatiquement d'une garantie de responsabilité civile souscrite par cette association. Le club doit également les informer de l'intérêt de souscrire une assurance pour leurs propres dommages corporels.

5. **Faux**. L'assureur de votre frère indemnisera les victimes de l'accident. Mais il a le droit de réclamer le remboursement des sommes versées à celui qui a conduit la moto sans l'accord de votre frère.

6. **Vrai**. Les victimes de l'accident recevront une indemnité. Mais vous devrez ensuite la rembourser à l'assureur, car vous conduisiez sans permis.

7. **Vrai**. Il y a une fausse déclaration lorsque les caractéristiques du véhicule ne correspondent pas à ce qui figure dans la proposition d'assurance et dans le contrat. Votre camarade devra donc rembourser une partie des indemnités versées aux victimes, ou même la totalité si les juges retiennent sa mauvaise foi.

8. **Vrai** ou **faux**. Le montant de la franchise est en effet de 1500 francs lorsque la catastrophe naturelle a endommagé un véhicule à moteur ou un bien à usage privé (maison, par exemple). En revanche, la franchise correspond à 10 % du montant des dégâts, avec un minimum de 4500 francs, lorsqu'il s'agit d'un bien à usage professionnel (commerce, usine...), sauf si le contrat mentionne une franchise d'un montant supérieur.

9. **Vrai**. Les contrats multirisque habitation comportent en effet une garantie de responsabilité civile familiale pour les dommages causés aux tiers. Une telle garantie intervient, dans la plupart des cas, pour indemniser les victimes d'un accident dont l'assuré est responsable lors de la pratique du ski. Vérifiez-le en vous reportant à votre contrat, ou interrogez votre assureur.

10. **Vrai**. C'est pourquoi certains contrats d'assurance et d'assistance comportent une garantie destinée à couvrir les frais de recherche et de sauvetage (contrats multirisque habitation, multirisque loisirs, contrats de sports d'hiver...).

TABLE DES PERLES

Impression réalisée sur CAMERON par BRODARD ET TAUPIN - La Flèche
pour le compte des Éditions Michel Lafon en mars 2000

Imprimé en France
Dépôt légal : mars 2000 - N° d'impression : 548
ISBN : 2-84098-545-4
LAF 103